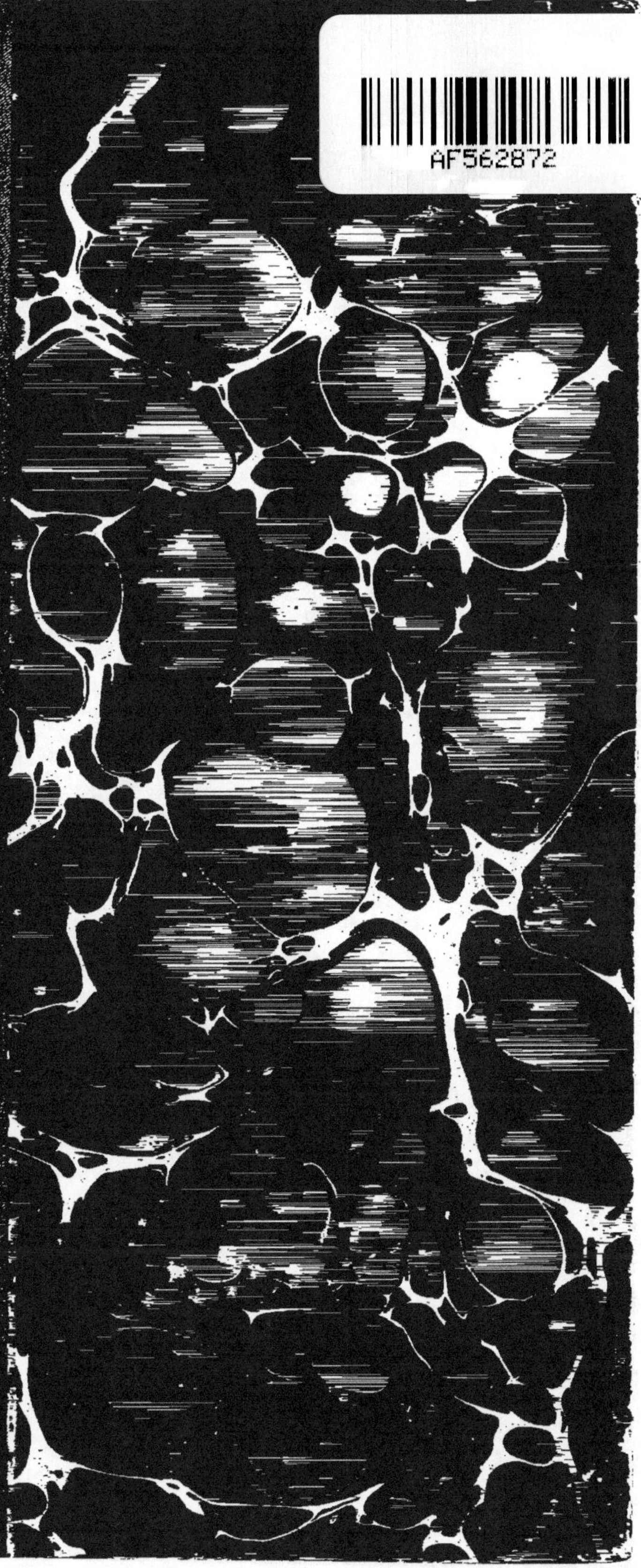

Souvenir amical
E. Lefèvre-Pontalis

# ÉTUDE SUR LE CHOEUR

# DE L'ÉGLISE

DE

# SAINT-MARTIN-DES-CHAMPS

# A PARIS

PAR

EUGÈNE LEFÈVRE-PONTALIS

BIBLIOTHÉCAIRE DU COMITÉ DES TRAVAUX HISTORIQUES
ET SCIENTIFIQUES.

---

Extrait de la *Bibliothèque de l'École des chartes*,
t. XLVII, 1886.

---

PARIS
1886

# ÉTUDE SUR LE CHOEUR

## DE L'ÉGLISE

DE

# SAINT-MARTIN-DES-CHAMPS

## A PARIS

PAR

EUGÈNE LEFÈVRE-PONTALIS

BIBLIOTHÉCAIRE DU COMITÉ DES TRAVAUX HISTORIQUES
ET SCIENTIFIQUES.

Extrait de la *Bibliothèque de l'École des chartes*,
t. XLVII, 1886.

PARIS
1886

# ÉTUDE SUR LE CHŒUR

## DE L'ÉGLISE

# DE SAINT-MARTIN-DES-CHAMPS

## A PARIS

L'architecture religieuse du XII^e^ siècle n'est plus représentée à Paris que par cinq monuments, l'église de Saint-Julien-le-Pauvre, le chœur de Saint-Germain-des-Prés, l'abside de Notre-Dame, le sanctuaire de Saint-Pierre de Montmartre et le chœur de l'ancienne église de Saint-Martin-des-Champs, qui est englobé dans les bâtiments du Conservatoire des Arts et Métiers. Cette dernière construction, malgré l'intérêt qu'elle présente au point de vue archéologique, n'a pas été jusqu'ici l'objet d'une étude approfondie, et l'on n'est pas d'accord sur l'époque où elle a dû être élevée. C'est ce point que nous nous proposons surtout d'éclaircir, après avoir donné la description détaillée du chevet de l'édifice.

L'église de Saint-Martin-des-Champs se compose d'une nef dépourvue de bas-côtés et d'un chœur en hémicycle entouré d'un double déambulatoire qui est flanqué de six petites chapelles rayonnantes et d'une grande chapelle en forme de trèfle. Un clocher latéral, dont le soubassement est resté intact, se trouve adossé au côté méridional du chœur. Le plan de ce sanctuaire est très original ; il ne peut pas être comparé à celui des chœurs de Saint-Germain-des-Prés, de Notre-Dame de Senlis, de Saint-Germer, de Saint-Leu d'Esserent et de Notre-Dame de Noyon, car il s'en distingue par la largeur de la travée centrale, par la seconde galerie du déambulatoire et par la disposition particulière de la chapelle du chevet, qui fait une saillie très prononcée sur le mur de l'abside, comme les chapelles rayonnantes situées dans l'axe de la plupart des cathédrales du XIII^e siècle.

La nef, qui n'est pas voûtée, est éclairée par vingt fenêtres dont le remplage se compose d'un meneau central et d'une rosace à six lobes. Elle remonte au milieu du XIII^e siècle et communique avec le chœur par un doubleau en tiers-point orné de tores et de bâtons brisés. Cet arc s'appuie de chaque côté sur trois colonnettes couronnées par deux groupes de chapiteaux d'un style bien différent. Les chapiteaux inférieurs, couverts de feuilles d'acanthes, appartiennent au XII^e siècle, mais ceux qui les surmontent n'ont été sculptés qu'au XIII^e siècle. Pour expliquer ce remaniement, il faut supposer que le doubleau primitif était fortement surhaussé et que l'architecte du XIII^e siècle jugea nécessaire d'allonger le fût des colonnettes, afin de donner plus d'élégance à l'arc triomphal.

La voûte du sanctuaire est soutenue par huit branches d'ogives et par des arcs formerets en cintre brisé[1]. Chacune des nervures, décorée d'une arête entre deux tores, retombe sur une mince colonnette. Les sept travées du chœur reposent sur des arcades en tiers-point dont les claveaux sont garnis d'un gros boudin, de deux baguettes et de deux tores qui viennent s'appuyer sur des piliers flanqués de douze colonnettes. Cette décoration est complétée sur le grand arc en plein cintre de la travée centrale par un rang de bâtons brisés. Les piles isolées sont au nombre de six, et les colonnettes qui les cantonnent supportent les retombées des grands arcs, des petits doubleaux du déambulatoire, des branches d'ogives du chœur et des arcs formerets. Les chapiteaux de toutes les colonnes se distinguent par leur grande variété ; leur corbeille est couverte de feuillages et de tiges entrelacées, et leur tailloir se compose d'un filet, d'un tore et d'un biseau. Quant aux bases, elles ont été refaites en grande partie, mais on peut être certain qu'elles se composaient anciennement d'une gorge entre deux tores et qu'elles étaient toutes pourvues de griffes. La partie supérieure du sanctuaire est éclairée au moyen de sept fenêtres dont l'archivolte est très légèrement brisée. Leurs claveaux, ornés d'un gros tore, reposent sur deux colonnettes engagées dans des retraits. La baie qui se trouve dans l'axe du chœur est beaucoup plus large que les autres, et son arc en plein cintre est un peu surbaissé.

1. L'arc formeret de la travée centrale est en plein cintre.

Le déambulatoire est formé de deux galeries en hémicycle dont la largeur n'est pas identique. En effet, tandis que la première présente une largeur de 3m50, la seconde est un simple couloir large de 0m90 environ. Les piles qui les séparent ne sont pas placées sur le prolongement des lignes dirigées vers le centre du chœur. Il est facile d'en comprendre la raison. Comme l'architecte avait résolu d'employer des voûtes d'arête pour recouvrir cette partie de l'église, il fut conduit à chercher le moyen d'obtenir des espaces à peu près carrés pour les établir. S'il avait disposé ses piliers intermédiaires d'une autre façon, il eût obtenu des surfaces en formes de trapèzes qui ne se seraient pas prêtées à la construction des voûtes d'arête. Chacune des piles se compose d'un nombre variable de colonnettes disposées assez irrégulièrement autour d'un massif central. Leurs chapiteaux et leurs tailloirs offrent le genre de décoration déjà signalé dans la description du chœur.

La première galerie du déambulatoire est recouverte de dix voûtes d'arête et d'une voûte sur croisée d'ogives placée au-dessus de la travée qui précède la grande chapelle centrale. Toutes ces voûtes sont séparées les unes des autres par des doubleaux en tiers-point ornés d'un tore et de deux baguettes, profil également appliqué sur les nervures de la croisée d'ogives. Leurs dispositions méritent d'être étudiées, car elles dénotent les nombreux tâtonnements d'un architecte qui ne savait pas résoudre encore avec assurance le problème de la construction d'une voûte au-dessus d'un déambulatoire. En effet, comme la direction prise par les doubleaux n'est pas très régulière, les voûtes d'arête sont établies tantôt sur des parallélogrammes, tantôt sur des espaces triangulaires. Il en résulte que les compartiments de remplissage sont très irréguliers, et que la taille de leurs voussoirs manque complètement de précision. Quant à la seconde galerie, elle forme en avant des chapelles rayonnantes un étroit passage encadré par de grands arcs en cintre brisé[1] du côté du déambulatoire, et traversé par un arc en tiers-point au droit des piles isolées. Les six petites chapelles du chevet sont surmontées de voûtes d'arête irrégulières qui se relient à celles du déambulatoire. Chacune d'elles est éclairée au moyen de deux fenêtres en plein cintre dont l'archivolte est garnie d'un gros tore et soutenue par des colonnettes.

1. Les claveaux de ces arcs sont ornés d'un gros boudin et de deux petits tores.

La grande chapelle qui se trouve dans l'axe de l'abside affecte la forme d'un trèfle dont les deux lobes inférieurs sont séparés par un large passage recouvert d'une voûte sur croisée d'ogives. C'est une disposition tout à fait exceptionnelle, car elle ne se rencontre en France que dans une seule autre église du XIIe siècle, celle de la Cascine[1], près de Laval, dont le chœur est bâti sur le même plan[2]. Cette chapelle est voûtée au moyen de six branches d'ogives réunies à une clef centrale. Chacune des nervures, ornée de trois tores accouplés, s'appuie sur une mince colonnette. Les compartiments de remplissage se distinguent par l'absence d'arête centrale et par leur forme bombée, qui rappelle celle d'une coupole. L'intérieur de la chapelle est éclairé par neuf fenêtres en plein cintre : celles qui s'ouvrent dans le chevet des trois hémicycles sont encadrées par un tore, un cordon de feuillages et deux colonnes. Au-dessous de leur appui, on remarque des arcatures cintrées garnies de moulures : elles reposent sur des colonnettes isolées.

Toutes les chapelles rayonnantes sont épaulées à l'extérieur par des contreforts qui se composent alternativement de massifs carrés et de grosses colonnes couronnées par une pierre en forme de cône[3]. Leurs fenêtres en plein cintre sont entourées d'un gros tore et d'un cordon de plantes aroïdes, mais, tandis que celles des petites chapelles sont dépourvues de colonnes, celles de la grande chapelle centrale sont décorées d'un tore qui se continue sur les pieds droits et d'une archivolte soutenue par des colonnettes. Les chapelles se trouvent reliées les unes aux autres dans leur partie supérieure par des arcs destinés à supprimer les angles rentrants qui auraient pu nuire à l'établissement du chéneau[4]. Au-dessus des baies du déambulatoire s'ouvrent les sept fenêtres du chœur.

1. Cette église, qui n'a jamais été terminée, se trouve sur le territoire de la commune de Forcé (Mayenne).

2. On pourrait également rapprocher du plan de cette chapelle celui de la chapelle de Montmajour (Bouches-du-Rhône), qui se trouve figuré dans le *Dictionnaire d'architecture* de Viollet-le-Duc, t. II, p. 445, mais c'est un édicule isolé. Il est intéressant de faire remarquer que la basilique de Tébessa, en Algérie, et la basilique découverte récemment à Damous-Karita, près de Carthage, se terminent par des salles en forme de trèfle.

3. On peut voir des contreforts de ce genre encore intacts à l'extérieur des églises de Saint-Étienne de Beauvais, de Saint-Germer, de Morienval, de Saint-Étienne-lez-Pierrefonds (Oise), de Breny et de Chavigny (Aisne).

4. Cette disposition fut également adoptée par la plupart des architectes normands du XIIIe siècle dans les églises entourées d'un déambulatoire.

Leur archivolte est en cintre brisé et leurs claveaux, ornés d'un tore, d'une gorge et d'un cordon d'étoiles, reposent sur des colonnettes engagées dans des retraits. Entre chacune des fenêtres, on distingue une colonne surmontée d'un chapiteau qui joue le rôle de contrefort. Les corniches de l'abside se composent d'un simple entablement soutenu par des modillons à têtes grimaçantes. Au point de rencontre de la nef et du sanctuaire, du côté méridional, s'élève un clocher dont il ne reste plus que le soubassement. Il est percé sur chacune de ses faces de deux baies en plein cintre encadrées par deux boudins et par quatre colonnettes.

C'est toute la partie du monument que nous venons de décrire qui a été attribuée au XIe siècle par plusieurs archéologues. L'abbé Lebeuf a soutenu cette opinion dès le XVIIIe siècle. « L'église de Saint-Martin, dit-il, conserve le sanctuaire et le fonds de l'ancien édifice du XIe siècle. La tour des grosses cloches est pareillement du genre de construction en usage du temps du roi Henri ou de Philippe[1]. » Jules Quicherat s'est associé au sentiment de l'abbé Lebeuf, comme en témoigne la phrase suivante empruntée à l'une de ses études archéologiques : « Il est impossible de ne pas voir dans le sanctuaire de notre église de Saint-Martin-des-Champs l'ouvrage consacré avec tant de solennité en 1067[2]. » Viollet-le-Duc est du même avis, car il admet que le chœur de l'église bâtie au XIe siècle à Saint-Martin-des-Champs existe encore aujourd'hui[3].

L'opinion émise par l'abbé Lebeuf, par Jules Quicherat et par Viollet-le-Duc s'appuie sur une charte qui fait mention de la dédicace d'une église dans le prieuré de Saint-Martin-des-Champs en 1067[4]. Aucun autre texte ne fait allusion à la reconstruction postérieure de l'édifice ; néanmoins, il nous paraît impossible de faire remonter l'abside de l'église actuelle à une époque aussi reculée. Les raisons suivantes feront comprendre pourquoi nous ne croyons pas devoir partager sur ce point les idées des trois archéologues précédents.

Si le chœur de Saint-Martin-des-Champs avait été bâti au XIe siècle, il ne serait pas recouvert de huit branches d'ogives. Sans doute, la voûte sur croisée d'ogives n'était pas absolument

1. *Histoire de la ville et de tout le diocèse de Paris*, t. I, p. 306 et 307.
2. *Revue archéologique*, t. VII, 1850, p. 74.
3. *Dictionnaire d'architecture*, t. V, p. 164.
4. Cette charte est imprimée dans le *Gallia Christiana*, t. VII. Instrumenta ecclesiæ Parisiensis, col. 35.

inconnue des architectes du XIe siècle, puisque certains édifices en présentent des exemples, mais les constructeurs de cette époque en firent un usage très restreint, et ils n'employèrent les voûtes de ce genre que pour recouvrir des surfaces peu étendues, comme à Morienval (Oise), tandis qu'ils continuaient à se servir de la voûte en cul-de-four au-dessus du chœur. En outre, ils donnèrent invariablement à leurs nervures le profil d'un énorme boudin. Cette moulure fut même uniquement appliquée sur les croisées d'ogives pendant la première moitié du XIIe siècle, ainsi qu'on le constate en examinant les voûtes qui recouvrent la nef de Cambronne et les bas-côtés des églises de Saint-Étienne-de-Beauvais et de Béthisy-Saint-Pierre (Oise). A Saint-Martin-des-Champs, au contraire, les nervures sont garnies tantôt d'un triple boudin, tantôt d'une arête entre deux tores, profils très répandus dans les voûtes du XIIe siècle et qui ne se montrent jamais antérieurement à cette époque. Le second point sur lequel nous ferons porter la discussion, c'est sur la forme des arcs doubleaux du déambulatoire et des grands arcs du chœur. La courbe de tous ces arcs est brisée ; or, si l'arc en tiers-point se rencontre dès le XIe siècle dans un grand nombre d'églises du centre et du midi de la France, telles que celles de Vaison, de Cavaillon, de Saint-Front de Périgueux, de Maguelonne, d'Ainay, à Lyon, de Saint-Amable de Riom et de Notre-Dame de Cunault, en Anjou, il n'apparaît pas à la même époque dans les édifices religieux du Nord de la France. Les églises de Morienval, de Montmille, de Rhuis, de Cinqueux, de Saint-Remy-l'Abbaye (Oise), d'Oulchy-le-Château, de Ressons-le-Long et de Berny-Rivière (Aisne), qui sont antérieures au XIIe siècle, n'en offrent aucun spécimen[1]. En outre, si les arcs brisés de Saint-Martin-des-Champs étaient contemporains du XIe siècle, ils ne seraient pas ornés de moulures, et leur profil serait formé d'un simple méplat accompagné de deux ressauts comme celui des premiers arcs en tiers-point appareillés au début du XIIe siècle à Villers-Saint-Paul, à Cambronne (Oise), à Vauxrezis et à Laffaux (Aisne). Si l'on examine la décoration des cha-

1. Dans son article sur l'ogive publié dans la *Revue archéologique* en 1850, Jules Quicherat a émis l'opinion que les églises de Bury, de Villers-Saint-Paul, de Saint-Étienne de Beauvais et de Saint-Germer, où l'on remarque des arcs brisés, appartenaient au XIe siècle, mais cette théorie ne pourrait plus être soutenue aujourd'hui, puisque l'on s'accorde à faire remonter ces quatre édifices au XIIe siècle.

piteaux, on n'y trouvera pas trace de ces figures grossières et de ces ornements géométriques gravés en creux qui donnent un caractère si particulier à la sculpture des chapiteaux du XIe siècle qui ornent les églises de Saint-Germain-des-Prés[1], de Berneuil-sur-Aisne, de Morienval (Oise), d'Oulchy-le-Château, de Chivy et de Saint-Thibauld-de-Bazoches (Aisne). Le profil des tailloirs ne se compose pas d'un chanfrein en biseau surmonté d'un méplat, suivant la disposition invariablement adoptée au XIe siècle. Enfin les moulures des bases sont beaucoup plus délicates que celles dont l'usage était général à la même époque et les cordons placés autour des baies du sanctuaire ne sont pas garnis de billettes, bien que ce genre d'ornement soit répandu à profusion sur les claveaux des fenêtres du XIe siècle dans le Nord de la France.

Si le chœur de Saint-Martin-des-Champs ne porte pas l'empreinte d'un style aussi primitif que celui du XIe siècle, il faut nécessairement en reporter la date à une période moins éloignée, comme nous allons essayer de le démontrer. La construction qui présente la plus grande analogie avec l'abside de Saint-Martin-des-Champs, c'est le chevet de l'église de Saint-Germer, dont les piliers sont bâtis sur le même modèle. On remarque dans les deux édifices un système de voûtes identiques pour recouvrir le chœur et l'emploi de l'arc en tiers-point dans tous les doubleaux. En outre, les moulures appliquées sur les grandes arcades, les archivoltes des fenêtres hautes, les contreforts en forme de colonnes qui épaulent la partie supérieure des murs offrent des dispositions tout à fait semblables. Il est donc fort légitime d'admettre que ces deux absides ont dû être élevées vers la même époque, puisqu'elles sont conçues dans le même style. On se trouve donc amené ainsi à fixer la construction du chœur de Saint-Martin-des-Champs à l'année 1130 environ. D'autres observations viennent encore à l'appui de notre opinion. Les nervures des croisées d'ogives sont décorées d'une arête entre deux tores, et ce profil se rencontre dans les voûtes des églises de Bury, de Noël-Saint-Martin, de Chelles (Oise), de Poissy et d'Hardricourt (Seine-et-Oise), qui appartiennent à la première moitié du XIIe siècle.

Pour démontrer que les fenêtres basses remontent, comme les

1. On sait que les anciens chapiteaux de Saint-Germain-des-Prés sont déposés dans la salle des Thermes, au musée de Cluny, et que tous les chapiteaux actuels de la nef de l'église ont été refaits à l'époque moderne.

voûtes, au second quart du XII^e siècle, il suffit de faire observer que leur archivolte est entourée d'une gorge, d'un tore et d'un cordon de fruits de plantes aroïdes. Or, toutes les baies des églises de l'Ile-de-France antérieures à cette époque n'étaient jamais ornées de moulures analogues, et les sculpteurs ne cherchèrent pas à reproduire les fruits de l'arum avant le XII^e siècle, comme le prouve l'examen des nombreux chapiteaux dont ils forment la décoration[1]. Quant aux baies supérieures du sanctuaire, elles sont accompagnées d'un cordon d'étoiles comme celles du chœur de Saint-Germer, et l'on sait que ce genre d'ornements fut exclusivement employé pendant le XII^e siècle. Les chapiteaux portent également l'empreinte des caractères particuliers au style de la première moitié du XII^e siècle. En effet, à l'époque où ils furent taillés, les sculpteurs ne faisaient pas encore un usage continuel de la feuille d'acanthe pour couronner les fûts des colonnes, mais ils avaient déjà renoncé à se servir de ces larges feuilles d'eau qui garnissent les chapiteaux de la plupart des églises bâties dans le nord de la France au commencement du XII^e siècle, telles que celles de Cambronne, de Saint-Étienne-de-Beauvais, de Catenoy, de Caufry et de Fitz-James (Oise). Tous les chapiteaux du chœur de Saint-Martin-des-Champs sont couverts de tiges entrelacées qui se terminent par des fleurs d'iris épanouies. Cette ornementation, beaucoup plus élégante que celle du XI^e siècle, se retrouve sur les chapiteaux des églises de Bury, de Foulangues et de Villers-Saint-Paul (Oise), qui appartiennent à une époque quelque peu antérieure au milieu du XII^e siècle. L'examen des tailloirs peut également permettre de prouver que le XII^e siècle n'était pas encore bien avancé quand le sanctuaire de l'église de Saint-Martin-des-Champs fut reconstruit. En effet, ils se composent d'une baguette encadrée par un filet et par une doucine. Ce type de profil servit de transition entre la lourde abaque du XI^e siècle, dont l'arête était simplement abattue, et le tailloir élégant garni d'un méplat, d'une gorge et d'un tore qui fut adopté par les sculpteurs à partir de l'année 1140 environ. On rencontre des tailloirs analogues à ceux de Saint-Martin-des-Champs dans les églises de Bonneuil-en-Valois, de Cambronne, de Catenoy, de

1. *Iconographie des plantes aroïdes figurées au moyen âge en Picardie,* par le D^r Eugène Woillez, article inséré dans les *Mémoires de la Société des Antiquaires de Picardie,* t. VIII, p. 245.

Crouy-en-Thelle, de Cauvigny, de Canly, de Bury (Oise) et de Poissy (Seine-et-Oise), qui doivent être attribuées à la première moitié du XIIe siècle. Ainsi la méthode de comparaison que nous avons appliquée aux voûtes, aux grands arcs, aux fenêtres, aux chapiteaux et aux tailloirs fournit des indications dont il faut savoir tenir compte.

Il est intéressant d'établir, d'autre part, que le chœur de Saint-Martin-des-Champs n'a pu être élevé après 1150, en montrant la différence qui existe entre cette partie de l'édifice et les monuments religieux de la seconde moitié du XIIe siècle. Si l'on essaye de rapprocher ces dispositions de celles du sanctuaire de Saint-Germain-des-Prés, consacré en 1163[1], on reconnaîtra facilement que cette construction porte l'empreinte d'un style beaucoup plus avancé que la précédente. En effet, on observe à Saint-Martin-des-Champs l'emploi simultané de la voûte à nervures et de la voûte d'arête, tandis qu'à Saint-Germain-des-Prés, la voûte sur croisée d'ogives est adoptée d'une manière exclusive. Le sanctuaire de cette dernière église est entouré d'une série d'arcs-boutants ; celui de Saint-Martin-des-Champs en est dépourvu. Enfin, dans le chœur de Saint-Germain-des-Prés, la forme des fenêtres, dont l'archivolte est en tiers-point, la sculpture des chapiteaux, les profils des bases et des tailloirs dénotent un art bien plus perfectionné que celui dont le sanctuaire de Saint-Martin-des-Champs porte l'empreinte. On arriverait à des conclusions analogues en comparant l'édifice qui fait l'objet de cette étude avec l'abside de la cathédrale de Senlis, commencée vers 1156.

Avant de résumer la théorie que nous venons de soutenir, nous tenons à prévenir les objections qui peuvent nous être faites. En effet, on pourrait être tenté de croire que l'abside de Saint-Martin-des-Champs, simplement remaniée vers 1130, renferme encore quelques débris de l'église consacrée en 1067. Les archéologues qui croiraient devoir adopter une semblable opinion ne manqueraient pas de prétendre que les voûtes d'arête du déambulatoire sont d'un siècle antérieures aux voûtes sur croisée d'ogives de la chapelle centrale, et que les piliers, les fenêtres basses et les grands arcs du rond-point appartiennent à l'église du XIe siècle. En outre, ils seraient portés à faire obser-

1. *Histoire de la ville et de tout le diocèse de Paris*, par l'abbé Lebeuf, t. I, p. 424.

ver que, comme le chœur de Saint-Martin-des-Champs présente à l'intérieur le système de construction d'une église gothique et au dehors l'aspect d'une église romane, cette différence de style implique nécessairement l'idée d'un remaniement.

A la première de ces objections, nous répondrons que l'existence de voûtes d'arête et de voûtes sur croisée d'ogives dans le même édifice religieux n'implique pas que les unes soient plus anciennes que les autres. En effet, l'église de Poissy, bâtie vers l'année 1130, suivant l'opinion admise par un grand nombre d'archéologues, offre précisément l'emploi simultané de la voûte d'arête dans le déambulatoire et de la voûte d'ogives au-dessus du chœur[1]. Il ne serait pas exact de prétendre que cet exemple est une exception et que les architectes du Nord de la France n'appareillaient plus aucune voûte d'arête au XII^e^ siècle, car les églises de Saint-Germer, d'Allonne, de Tracy-le-Val et de Catenoy (Oise), construites pendant la première moitié de cette période, en renferment des spécimens bien conservés. Les fenêtres basses, les grands arcs et les piliers, qui présentent une très grande analogie avec les baies, les arcades et les piles du chœur de Saint-Germer, ne peuvent pas non plus être regardés comme des fragments de l'église dédiée en 1067, pour les raisons déjà exposées plus haut. La dernière objection ne doit pas nous arrêter longtemps. En effet, l'aspect si différent que présente le sanctuaire de Saint-Martin-des-Champs à l'intérieur et à l'extérieur s'explique facilement, quand on sait que l'arc brisé apparut dans les doubleaux et dans les grandes arcades des églises de l'Ile-de-France près d'un demi-siècle avant d'être appliqué à l'archivolte des fenêtres, comme on peut le remarquer à Bury, à Cuise, à la Villetertre (Oise), à Chars (Seine-et-Oise), à Laffaux, à Courmelles, à Glennes et à Berzy-le-Sec (Aisne). Quant au clocher latéral dont le premier étage est encore intact, on ne saurait prétendre que c'est la tour de l'église primitive. Les claveaux de ses baies sont ornés de deux tores accouplés, tandis que ceux des clochers du XI^e^ siècle n'étaient jamais garnis de moulures dans la région du Nord de la France[2]. Ce genre de décoration ne fut pas adopté par les constructeurs avant le second quart du XII^e^ siècle.

1. On remarque la même particularité dans le sanctuaire de l'église de Saint-Laumer, à Blois, qui fut bâti vers le milieu du XII^e^ siècle.

2. On peut reconnaître la vérité de cette assertion en examinant les clochers

Si nous nous refusons à faire remonter aucune partie du chœur de Saint-Martin-des-Champs au XI^e siècle, nous ne croyons pas cependant que la reconstruction du sanctuaire au XII^e siècle ait été faite d'un seul jet. A notre avis, les travaux ont dû être interrompus quelque temps au niveau de l'appui des fenêtres supérieures, et, quand ils furent repris, l'architecte apporta quelques modifications au projet primitif. Il n'est pas difficile de constater, par exemple, que l'on n'avait pas eu tout d'abord l'intention d'établir des arcs formerets dans la voûte du chœur, car les colonnettes qui les soutiennent sont formées d'assises indépendantes du reste de la construction, et quelques-unes d'entre elles reposent gauchement sur les tailloirs des chapiteaux qui couronnent les piles isolées du déambulatoire. En outre, l'archivolte des fenêtres hautes est légèrement brisée, tandis que celle des baies inférieures décrit une courbe en plein cintre. Enfin les compartiments de remplissage de la grande voûte sont pourvus d'une arête centrale; ceux des croisées d'ogives de la grande chapelle affectent au contraire une forme très irrégulière. Comme tous ces détails indiquent une différence de style assez marquée entre les parties basses et les parties hautes du monument, il est probable que l'arrêt des travaux dut se prolonger pendant plusieurs années. Cette absence d'unité avait frappé Viollet-le-Duc, qui considérait la grande voûte du chœur de Saint-Martin-des-Champs comme une œuvre de la fin du XII^e siècle[1], mais nous pensons qu'il a beaucoup trop reculé la date de sa construction. En examinant le profil de ses nervures et de ses formerets, nous sommes porté à croire qu'elle n'est pas postérieure au milieu du XII^e siècle.

L'opinion que nous avons cherché à faire prévaloir dans cette étude est d'accord avec celle de M. de Guilhermy, qui n'avait pas cru pouvoir partager le sentiment de l'abbé Lebeuf sur la date de l'église[2]. Elle s'appuie sur les caractères archéologiques de l'édifice et ne se trouve pas en contradiction avec le texte auquel nous avons fait allusion plus haut. En effet, nous admettons parfaitement qu'une église fut consacrée en 1067 à Saint-Martin-des-Champs, mais nous sommes persuadé que son abside fut rebâtie

des églises de Rhuis, de Saint-Gervais-de-Pontpoint, de Morienval (Oise), de Retheuil et d'Oulchy-le-Château (Aisne), qui appartiennent au XI^e siècle.

1. *Dictionnaire d'architecture*, t. V, p. 164, note 1.

2. *Description archéologique des monuments de Paris*, p. 241.

dans le second quart du XII$^e$ siècle. Cet édifice subit une transformation analogue à celle de l'église de Saint-Germain-des-Prés, dont le chœur primitif fut démoli au milieu du XII$^e$ siècle. Au moment où le sanctuaire de Saint-Martin-des-Champs fut agrandi, la nef du XI$^e$ siècle existait encore; elle ne disparut qu'au milieu du XIII$^e$ siècle pour faire place au large vaisseau que nous voyons encore aujourd'hui. Comme aucun texte ne mentionne cette dernière reconstruction, qui est cependant un fait indéniable, il n'est pas surprenant que l'histoire ne nous ait transmis aucun renseignement sur l'époque où le chœur fut rebâti. C'est ce que Jules Quicherat a fait très justement observer, en disant que nous possédons souvent les détails les plus circonstanciés sur la fondation de certains édifices à une époque, tandis qu'on ignore la date des reconstructions qui leur ont donné beaucoup plus d'importance[1].

Le chœur de Saint-Martin-des-Champs est donc, à notre avis, contemporain de l'abside des églises de Poissy et de Saint-Germer. Les caractères particuliers de son architecture ne permettent pas d'en reculer la date jusqu'au XI$^e$ siècle, et c'est entre les années 1130 et 1150 qu'il dut être élevé, comme nous croyons l'avoir prouvé en le comparant avec d'autres édifices religieux de l'Ile-de-France bâtis pendant la même période[2].

1. *L'Age de la cathédrale de Laon. Bibliothèque de l'École des chartes*, t. XXXV (1874), p. 254.

2. On trouvera le plan, la coupe et l'élévation du chœur de Saint-Martin-des-Champs à la fin du t. I de la *Statistique monumentale de Paris*, dressée sous la direction de Lenoir.

Nogent-le-Rotrou, imprimerie DAUPELEY-GOUVERNEUR.

BIBLIOTHEQUE NATIONALE DE FRANCE
3 7531 00175466 3

www.ingramcontent.com/pod-product-compliance
Lightning Source LLC
LaVergne TN
LVHW020312230826
846091LV00006B/2639

* 9 7 8 2 0 1 2 3 9 3 4 2 4 *